Impressum
Verlag: BABADADA GmbH, Nedderfeld 112 , 22529 Hamburg
Geschäftsführer / Verlagsleitung: Harald Hof
Druck: Books on Demand GmbH, In de Tarpen 42, 22848 Norderstedt

Imprint
Publisher: BABADADA GmbH, Nedderfeld 112 , 22529 Hamburg, Germany
Managing Director / Publishing direction: Harald Hof
Print: Books on Demand GmbH, In de Tarpen 42, 22848 Norderstedt

ښوونځی

école

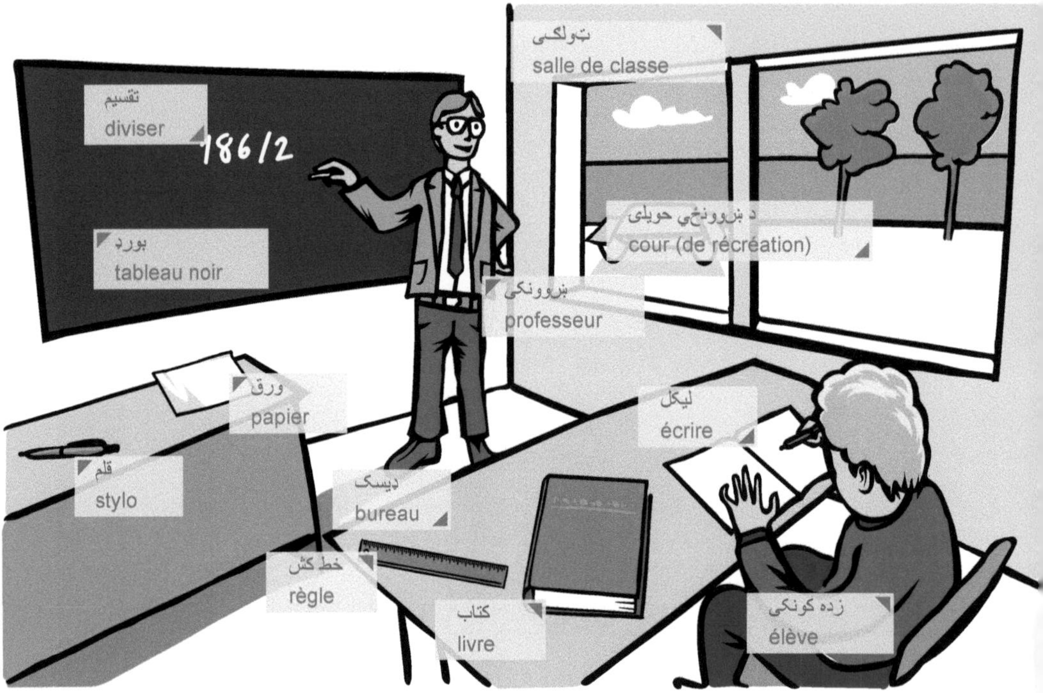
ټولګی
salle de classe
تقسیم
diviser
186/2
د ښوونځي حویلی
cour (de récréation)
بورډ
tableau noir
ښوونکی
professeur
ورق
papier
لیکل
écrire
قلم
stylo
ډیسک
bureau
خط کش
règle
کتاب
livre
زده کونکی
élève

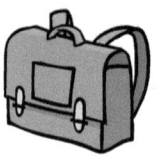

کڅوړه

cartable

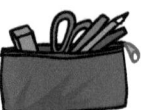

د پنسل بکسه

trousse

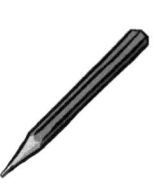

پنسل

crayon

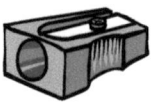

پنسل تراش

taille-crayon

ربړ

gomme

د رسامۍ پاڼه

carnet à dessin

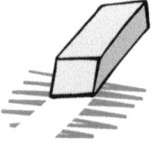

رسامي

dessin

د نقاشی برس

pinceau

د نقاشی بکس

boîte de peinture

قیچي

ciseaux

سریش

colle

د تمرین کتاب

cahier d'exercices

کورنی دنده

devoirs

12

شمیر

chiffre

2+2

جمع

additionner

5-2

منفي

soustraire

2×2

ضرب

multiplier

حساب

calculer

A

توری

lettre

ABCDEFG
HIJKLMN
OPQRSTU
VWXYZ

الفبا

alphabet

hello

کلمه

mot

متن

texte

لوستل

lire

تباشير

craie

درس

leçon

راجستر

livre de classe

ازموينه

examen

تصدیق پانه

certificat

د ښوونځي یونیفارم

uniforme scolaire

تعلیم

formation

دایره المعارف

lexique

پوهنتون

université

مایکروسکوپ

microscope

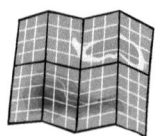

نقشه

carte

اشغالدانی

corbeille à papier

سفر

voyage

هوټل
hôtel
Grand
لیلیه
auberge
ROOMS
د اسعارو د تبادلې دفتر
bureau de change
CHANGE
بکس
valise
موټر
voiture

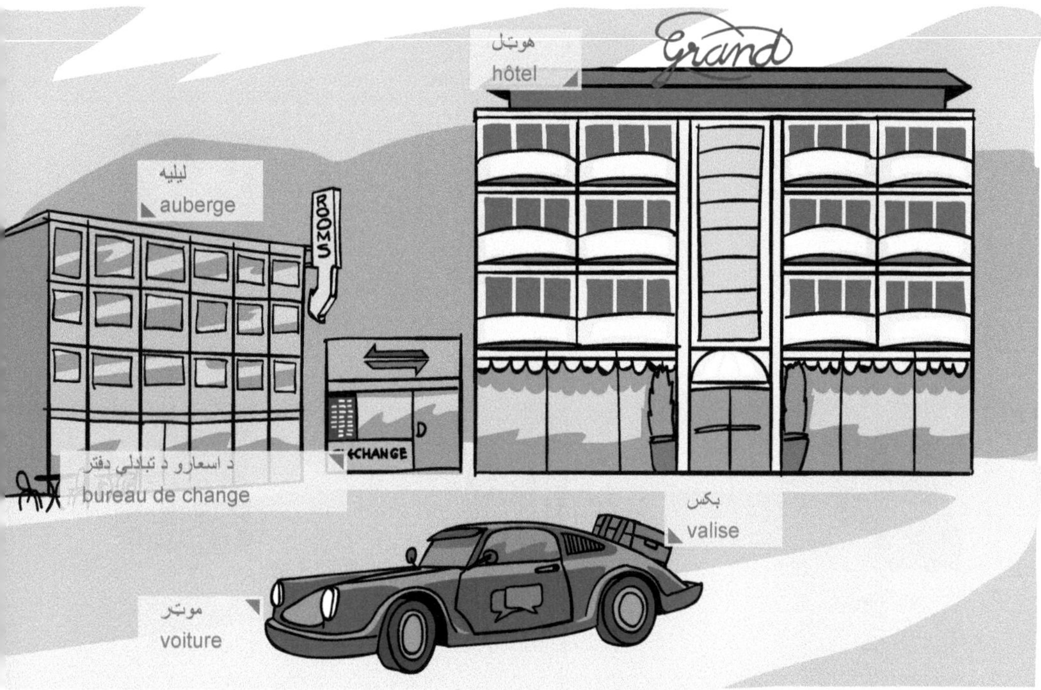

ژبه
....
langue

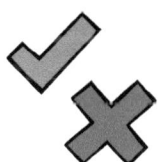

هو/نه
....
oui / non

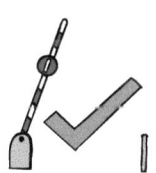

سمه ده
....
d'accord

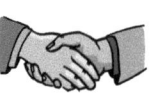

سلام
....
Salut

ژباړونکی
....
interprète

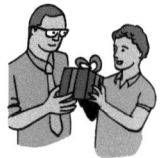

مننه
....
merci

څومره دي...؟

Combien coûte...?

زه نه پوهيږم

Je ne comprends pas

ستونزه

problème

ماښام مو پخير!

Bonsoir !

سهار په خير!

Bonjour !

شپه په خير!

Bonne nuit !

په مخه مو ښه

Au revoir

لارښود

direction

سامان

bagages

بيگ

sac

شاتنى بکس

sac-à-dos

ميلمه

hôte

خونه

pièce

د خوب کڅوړه

sac de couchage

خيمه

tente

د توریزم معلومات

office de tourisme

ساحل

plage

کریدیت کارت

carte de crédit

ناری

petit-déjeuner

د غرمي خواره

déjeuner

د شپې خواره

dîner

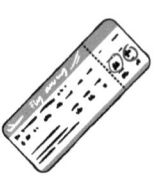

ټیکټ

billet

لفټ

ascenseur

مهر

timbre

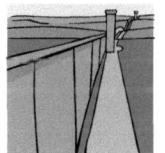

پوله

frontière

ګمرک

douane

سفارت

ambassade

ویزه

visa

پاسپورت

passeport

ټرانسپورټ

transport

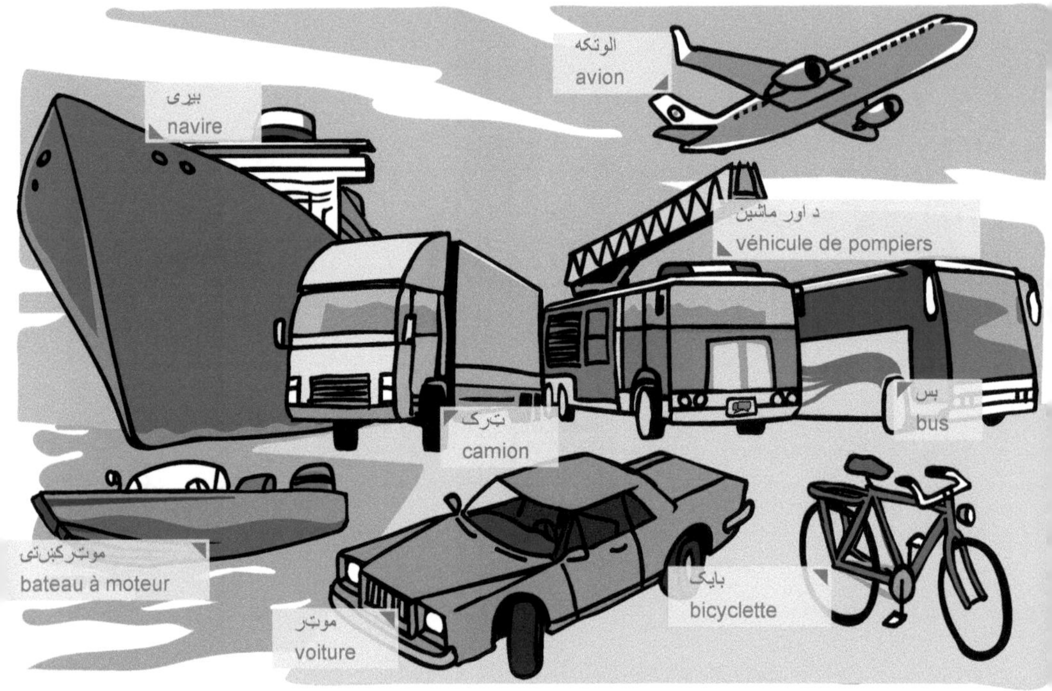

الوتکه
avion
بېړۍ
navire
د اور ماشين
véhicule de pompiers
بس
bus
ټرک
camion
موټرکښتۍ
bateau à moteur
موټر
voiture
بايک
bicyclette

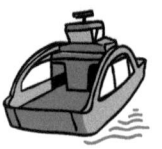

کښتۍ
....
ferry

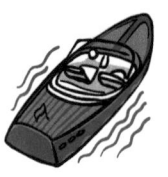

کښتۍ
....
barque

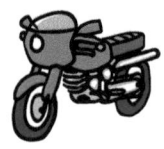

موټرسايکل
....
moto

د پوليسو موټر
....
voiture de police

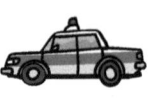

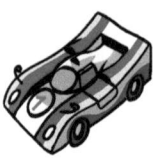

د ريس موټر
....
voiture de course

کرايي موټر
....
voiture de location

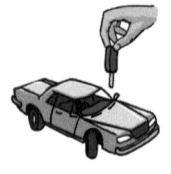

د کرایه موټری
auto-partage

جرثقیل لرونکی ټرک
voiture de remorquage

ریفیوز ټرک
benne à ordures

موټر
moteur

سونگ توکي
essence

پټرول سټیشن
station d'essence

ترافیکي نښه
panneau indicateur

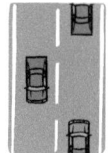

ترافیک
trafic

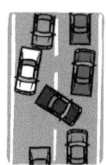

جام ترافیک
embouteillage

د موټرو ټمځای
parking

د ریل سټیشن
gare

پاټکي
rails

ریل
train

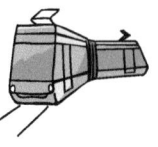

ټرام
tramway

واګون
wagon

چورلکه

hélicoptère

هوايي ډکر

aéroport

برج

tour

مسافر

passager

کانټينر

conteneur

کارتون

carton

کارت

chariot

ټوکرۍ

corbeille

الوتنه کول/ښکنيناستل

décoller / atterrir

ښار

ville

کلی

village

د ښار مرکز

centre-ville

کور

maison

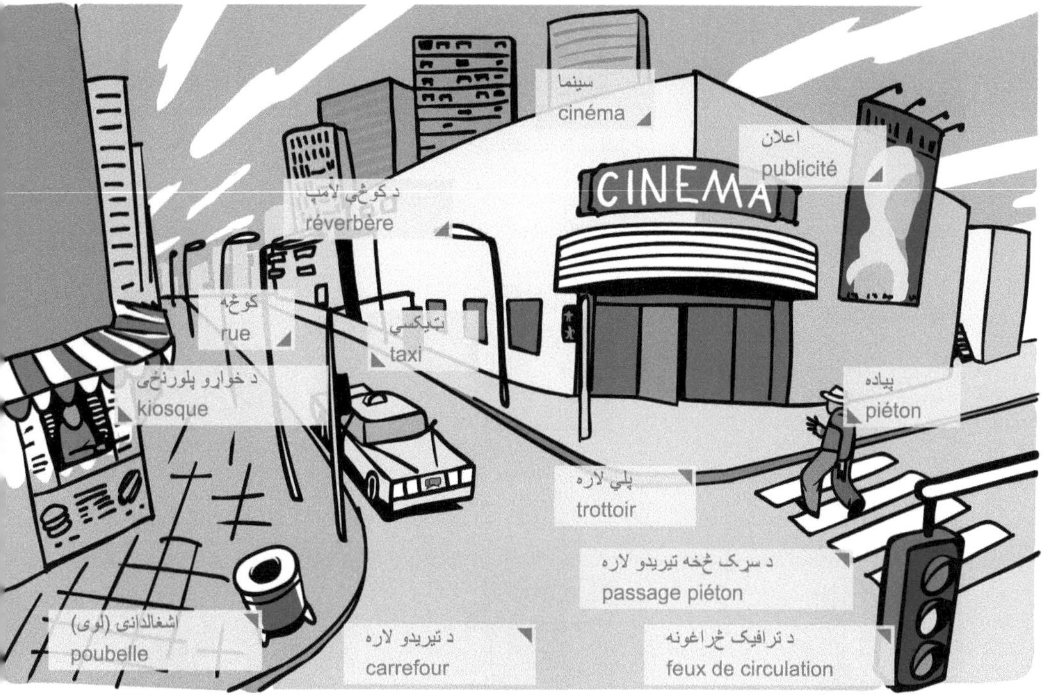

سينما
cinéma

اعلان
publicité

دكوښي لامپ
réverbère

کوڅه
rue

ټيکسي
taxi

CINEMA

د خوارو پلورنځی
kiosque

پياده
piéton

پلي لاره
trottoir

د سرک څخه تيريدو لاره
passage piéton

اشغالدانۍ (لوی)
poubelle

د تيريدو لاره
carrefour

د ترافيک څراغونه
feux de circulation

کوډله

cabane

اپارتمان

appartement

د ريل سټيشن

qare

ټاون هال

mairie

ميوزيم

musée

ښوونځی

école

پوهنتون

université

بانک

banque

روغتون

hôpital

هوټل

hôtel

درملتون

pharmacie

دفتر

bureau

کتاب پلورنځی

librairie

پلورنځی

magasin

د ګلانو پلورنځی

fleuriste

لوی پلورنځی

supermarché

مارکيټ

marché

د ډيپارټمنټ سټور

grand magasin

کب پلورنځی

poissonnerie

د پلور مرکز

centre commercial

لنګرتون

port

پارک

parc

بینچ

banque

پل

pont

زینه

escaliers

د ځمکې لاندې

métro

تونل

tunnel

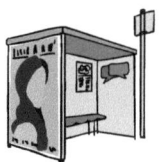

بس تمځای

arrêt de bus

بار

bar

ریستورانت

restaurant

پوست بکس

boîte à lettres

د کوڅې نښه

panneau indicateur

د پارک کولو میتر

parcmètre

ژوبڼ

zoo

د لامبو حوض

piscine

مسجد

mosquée

كرونده

ferme

ناپاکي

pollution

هدیره

cimetière

چرچ

église

د لوبو دکر

aire de jeux

معبد/کلیسا

temple

منظره

paysage

پانه
feuille

د لارښوونې نښه
panneau indicateur

لاره
chemin

چمن
pré

کانی
pierre

ونه
arbre

هیکر
randonneur

سیند
rivière

واښه
herbe

ګل
fleur

دره

vallée

غوندۍ

montagne

ناور

lac

ځنگل

forêt

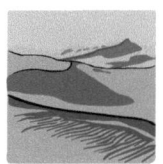

دشته

désert

اورشیندی

volcan

کلا

château

رنگین کمان

arc-en-ciel

مرخیري

champignon

پلم ونه

palmier

ماشي

moustique

الوتل

mouche

میږی

fourmis

مچۍ

abeille

غونډ/جو لا

araignée

كونكت

coléoptère

چونگبڑه

grenouille

نولی

écureuil

زیرکی

hérisson

سوی

lièvre

كونگ

chouette

مرغی

oiseau

قازه

cygne

نرخوگ

sanglier

هوسی

cerf

گاوزه

élan

بند

barrage

بادي توربين

éolienne

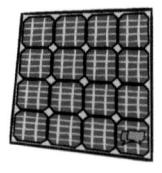

سولر تختی

panneau solaire

اقلیم

climat

ریسټورانټ

restaurant

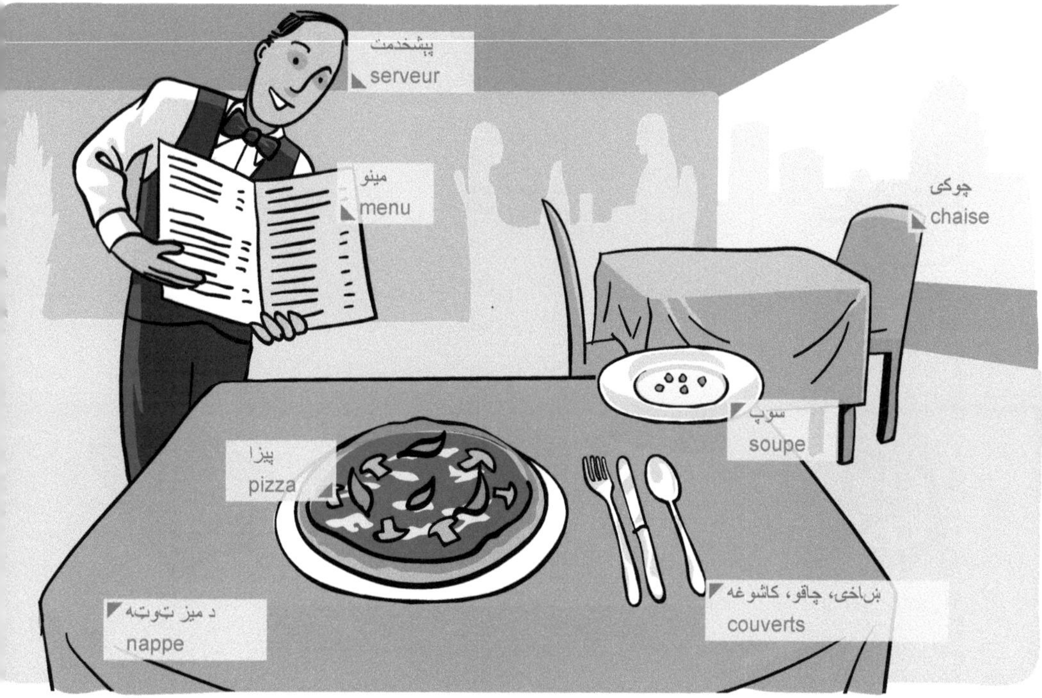

پیشخدمت
serveur
مینو
menu
چوکۍ
chaise
سوپ
soupe
پیزا
pizza
د میز ټوټه
nappe
ښاخی، چاقو، کاشوغه
couverts

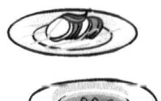

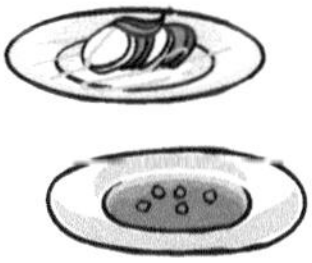

ستارټر

hors d'œuvre

اصلي خواړه

plat principal

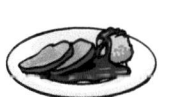

شیرني

dessert

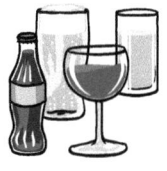

څښاک

boissons

خواړه

alimentation

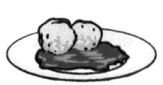

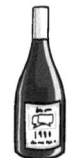

بوتل

bouteille

فاسټ فوډ

fast-food

د کوڅي خواره

plats à emporter

چای جوش

théière

قندانی

sucrier

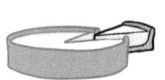

برخه

portion

اسپرسو مشین

machine à expresso

لوړه چوکی

chaise haute

رسید

facture

مجمه

plateau

چاکو

couteau

پنجه

fourchette

قاشق

cuillère

چای قاشق

cuillère à thé

سورويت

serviette

ګلاس

verre

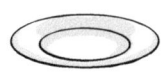

پلیټ

assiette

د سوپ پلیټ

assiette à soupe

نالبکی

soucoupe

ساس

sauce

مالګه شیندونکی

salière

د مرچ ټکولو لوخی

moulin à poivre

سرکه

vinaigre

غوړي

huile

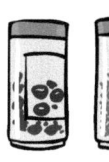

مساله

épices

کچ اپ

ketchup

شرشم

moutarde

چکه

mayonnaise

لوی پلورنځی

supermarché

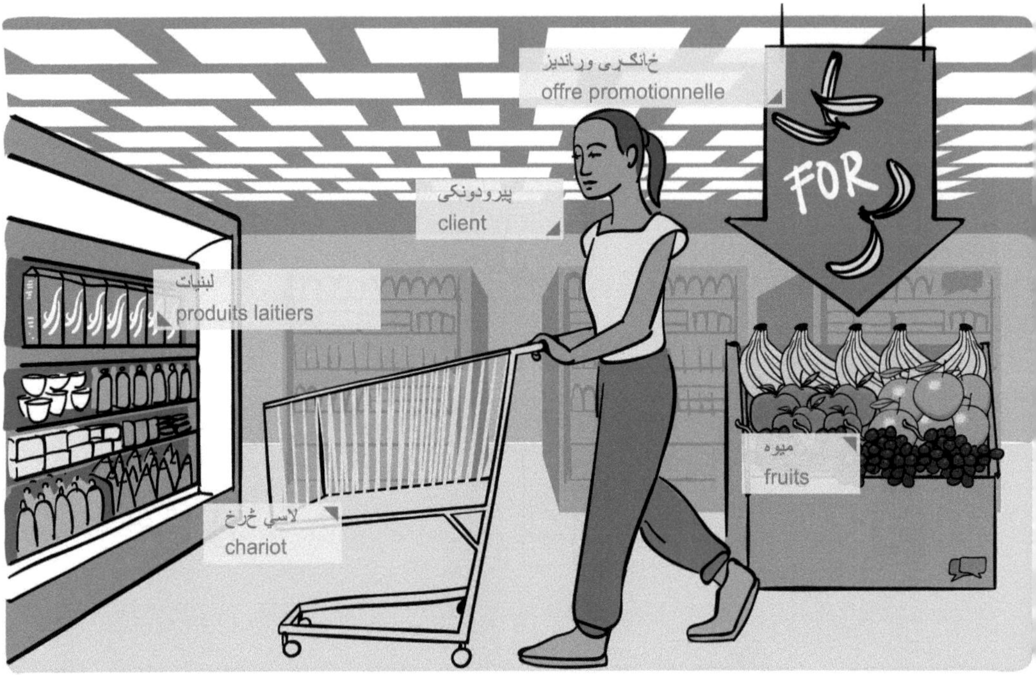
ځانګړی وړاندیز
offre promotionnelle
FOR
پیرودونکی
client
لبنیات
produits laitiers
میوه
fruits
لاسي ځرخ
chariot

BUTCHERS

قصابي
boucherie

BAKERY

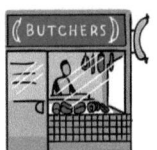

نانوایی
boulangerie

وزن کول
peser

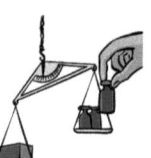

سبزيجات
légumes

غوښه
viande

کنګل خواړه
aliments surgelés

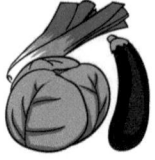

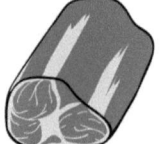

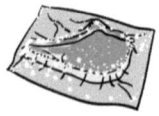

یخه غوښه

charcuterie

کنسروا خوارهَ

conserves

د مینځلو پودر

poudre à lessive

شیرینی

bonbons

کورني تولیدات

articles ménagers

د پاکولو محصولات

détergents

د پلور فرد

vendeuse

د نغدي راجستر

caisse

صراف

caissier

د پیرود لیست

liste d'achats

کاري ساعتونه

heures d'ouverture

بټوه

portefeuille

کریډیټ کارت

carte de crédit

کڅوړه

sac

پلاستیک کڅوړه

sac en plastique

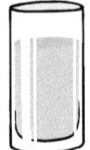

اوبه

eau

جوس

jus de fruit

شيده

lait

کوک

coca

واين

vin

بير

bière

الکول

alcool

ککاو

chocolat chaud

چای

thé

کافي

café

أسپرسو

expresso

کپچينو

cappuccino

کيله

banane

مڼه

pomme

نارنج

orange

هندوانه

melon

ليمو

citron

گازره

carotte

هوږه

ail

بانسک

bambou

پياز

oignon

مرخيړي

champignon

چغزی

noisettes

آش

pâtes

سپیگتي

spaghetti

وریجی

riz

سلاد

salade

چپس

pommes frites

سره کړي کچالو

pommes de terre rôties

پیزا

pizza

همبرگر

hamburger

ساندویچ

sandwich

کتره

escalope

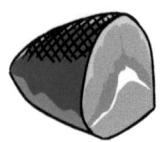

د پټون غوښه

jambon

سلمي

salami

ساسچ

saucisse

چرگ

poulet

روست

rôti

کب

poisson

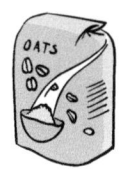

د وربشي شيرني

flocons d'avoine

موسلي

muesli

د جوار پلی

cornflakes

اوړه

farine

کروسانت

croissant

د ډوډۍ رول

petits-pains

ډوډۍ

pain

ټوسټ

pain grillé

بسکیټ

biscuits

کوچ

beurre

چکه

le fromage blanc

کیک

gâteau

هګۍ

œuf

پنسی هګۍ

œuf au plat

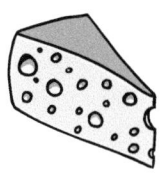

پنیر

fromage

آيس كريم

glace

بوره

sucre

شهد

miel

مربا

confiture

نوگات كريم

crème nougat

كوركمان

curry

کرونده

ferme

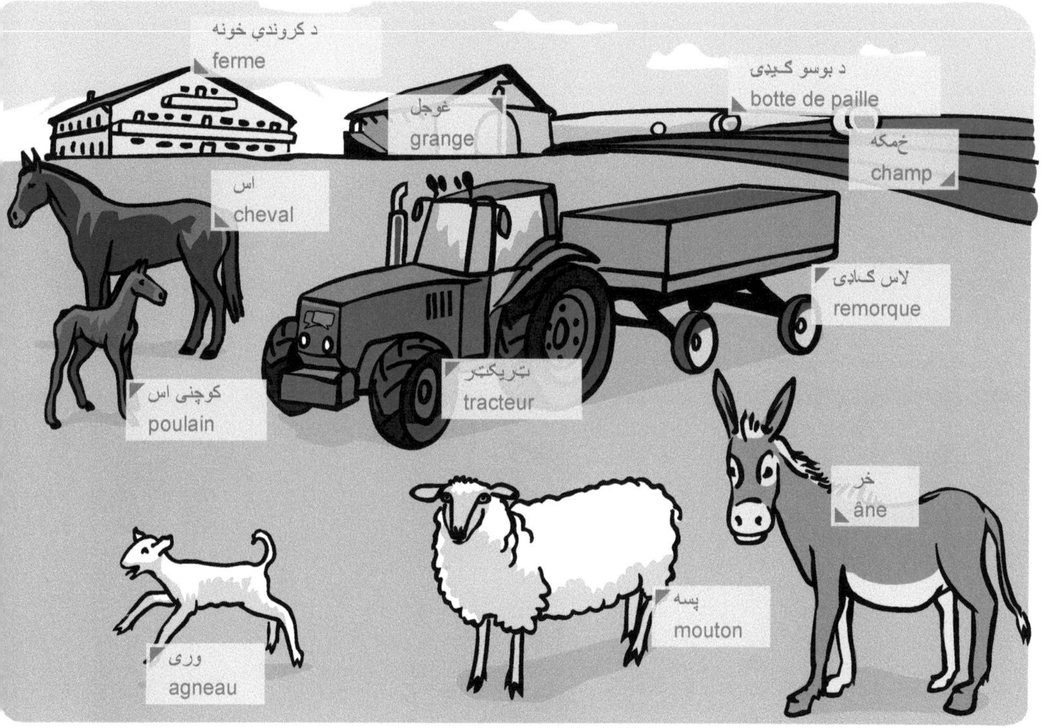

د کروندي خونه
ferme
غوجل
grange
د بوسو گیډی
botte de paille
خمکه
champ
اس
cheval
لاس گاډی
remorque
کوچنی اس
poulain
تریکټر
tracteur
خر
âne
پسه
mouton
وری
agneau

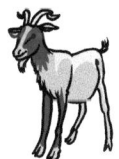

وزه

chèvre

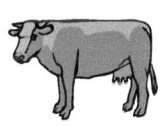

غوا

vache

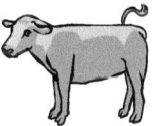

خوسکی

veau

خوګ

porc

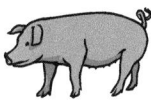

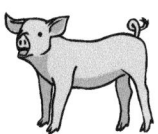

د خوګ بچی

porcelet

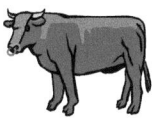

غویی

taureau

بته
....
oie

هيلۍ
....
canard

چرګوړی
....
poussin

چرګه
....
poule

بانګي
....
coq

ساړای موږک
....
rat

پيشک
....
chat

موږک
....
souris

غویی
....
bœuf

سپی
....
chien

د سپي خونه
....
chenil

د باغ هوز
....
tuyau de jardin

د اوبو لوخی
....
arrosoir

لور (داس)
....
faucheuse

یوی
....
charrue

لور

faucille

رمبی

pioche

بڼاخی

fourche

تبر

hache

کراچی

brouette

ناوه

cuve

د شیدو لوخی

pot à lait

جوال

sac

کتاره

clôture

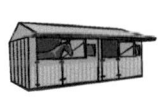

مضبوط

étable

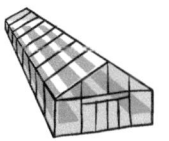

شنه خونه

serre

خاوره

sol

تخم

semences

سره/کود

engrais

گډ ریبونکی ماشین

moissonneuse-batteuse

زیرمه کول

récolter

درمند

récolte

خوارءه کچالو

igname

غنم

blé

سویا

soja

کچالو

pomme de terre

جوار

maïs

نباتي تخم

colza

د ميوي ونه

arbre fruitier

مانیوک

manioc

غله

céréales

درڅه
cheminée

بام
toit

ناودان
gouttière

کرکۍ
fenêtre

کراج
garage

د دروازې زنگ
sonnette

دروازه
porte

اشغالدانۍ
poubelle

د لیک بکس
boîte aux lettres

باغ
jardin

د اوسیدو خونه
salon

حمام
salle de bain

پخلنځی
cuisine

د ویده کیدو خونه
chambre à coucher

د ماشوم خونه
chambre d'enfant

د خوارو خونه
salle à manger

فرش

sol

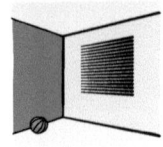

ديوال

mur

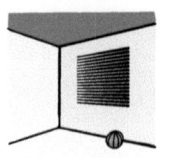

چت

plafond

زیرخانه

cave

سونا

sauna

بالکوني

balcon

تراس

terrasse

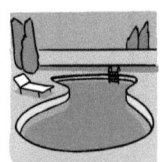

حوض

piscine

د چمن وهلو ماشین

tondeuse à gazon

شیت

housse

روجایی

couette

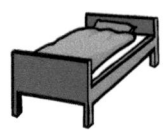

تخت

lit

جارو

balai

بوکه

sceau

سویچ

interrupteur

د اوسیدو خونه

salon

والپیپر
papier peint
عکس
image
لامپ
lampe
شیلف
étagère
الماری
armoire
تلویزیون
télé
نغری
cheminée
ګل
fleur
بالښت
coussin
صوفه
sofa
ګلدانی
vase
ریموټ کنټرول
télécommande

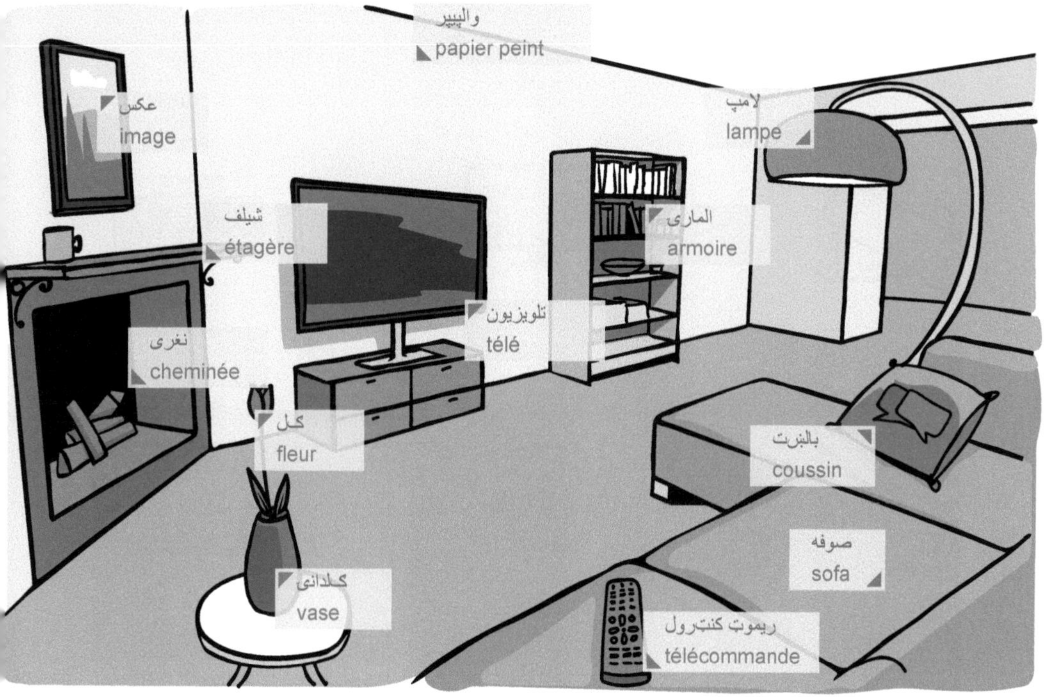

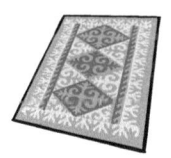

غالی

tapis

پرده

rideau

میز

table

چوکۍ

chaise

تاویدونکي چوکۍ

chaise à bascule

بازو لرونکی چوکۍ

fauteuil

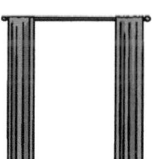

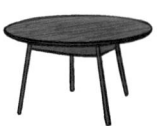

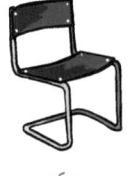

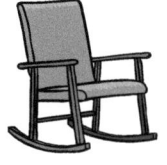

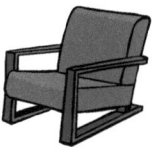

كتاب
livre

كمپل
couverture

ديكوريشن
décoration

د اور لرګـي
bois de chauffage

فلم
film

هايـفاى
chaîne hi-fi

كلي
clé

ورځپانه
journal

نقاشي
peinture

پوسټر
poster

راديو
radio

كتابچه
bloc-notes

واكيوم جارو
aspirateur

كاكټوس
cactus

شمع
bougie

پخلنځی
cuisine

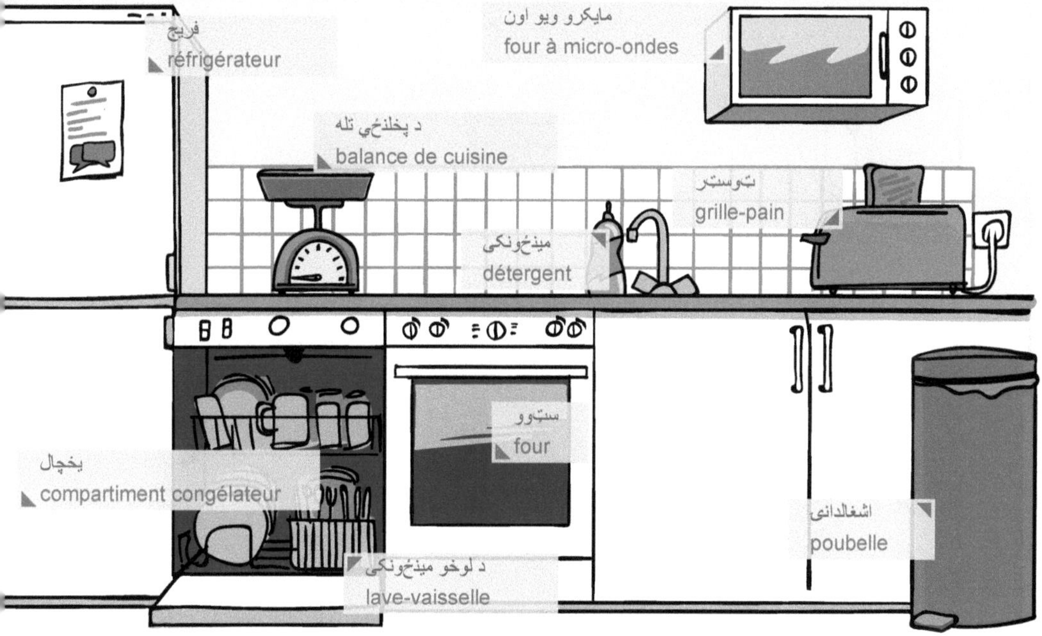

فریج
réfrigérateur
مایکرو ویو اون
four à micro-ondes
د پخلنځي تله
balance de cuisine
ټوستر
grille-pain
مینځونکی
détergent
سټوو
four
یخچال
compartiment congélateur
اشغالدانی
poubelle
د لوخو مینځونکی
lave-vaisselle

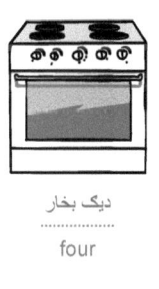

دیک بخار
....
four

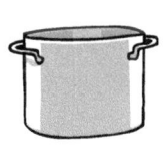

لوخی
....
casserole

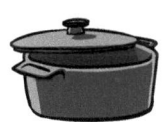

چدني لوخی
....
marmite

ووک
....
wok / kadai

د تلي په
....
poêle

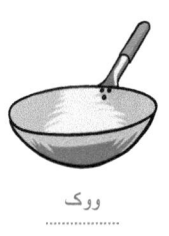

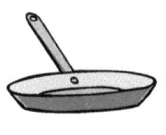

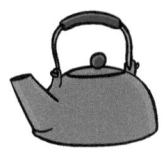

چای جوش
....
bouilloire electrique

د بخار دیک

cuiseur vapeur

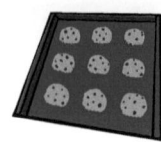

پتنوس

plaque de cuisson

لوخي

vaisselle

مگ

gobelet

کاسه

coupe

د رانيولو اوزار

baguettes

څمڅۍ

louche

کفګير

spatule

پاکونکی

fouet

صافي

passoire

غلبيل

tamis

ګريتر

râpe

اونګ

mortier

بار بي کيو

barbecue

خلاص اور

cheminée

تخته

planche à découper

هوارونکی

rouleau à pâtisserie

کارک سکریو

tire-bouchon

ټیم

boîte

د ټیم خلاصونکی

ouvre-boîte

د لوخي ټوټه

maniques

ظرف شوی

lavabo

برس

brosse

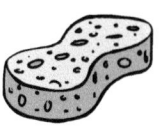

سپنج

éponge

بلیندر

mixeur

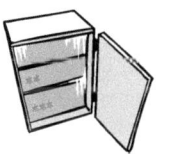

ژور یخچال

congélateur

د ماشوم بوتل

biberon

نل

robinet

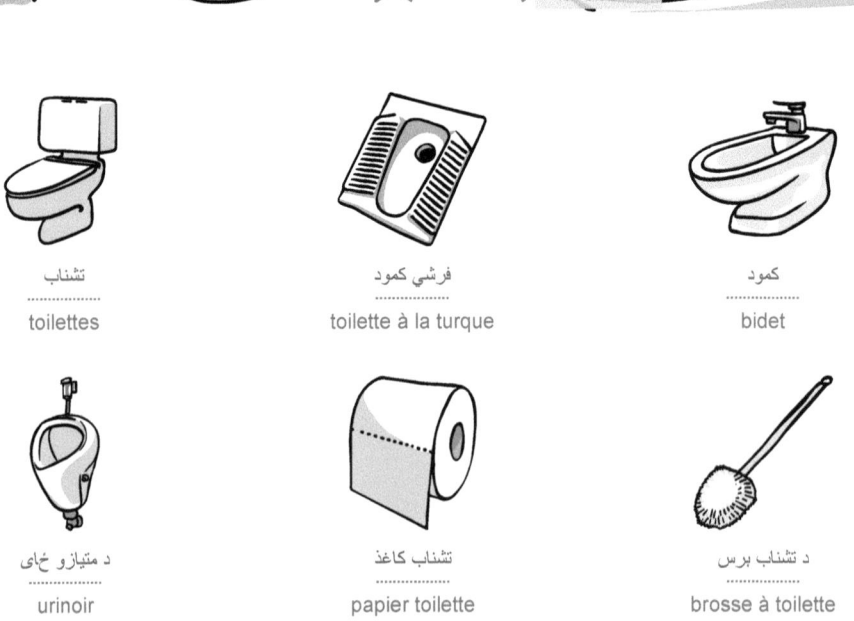

حمام

salle de bain

تودول
chauffage
جان پاک
serviette
شاور
douche
د شاور پرده
rideau de douche
بیل حمام
bain moussant
د حمام ټب
baignoire
د مینځلو مشین
machine à laver
ګلاس
verre
نل
robinet
ټایلونه
carrelage
یو دول کمود
pot
ظرف شوی
lavabo

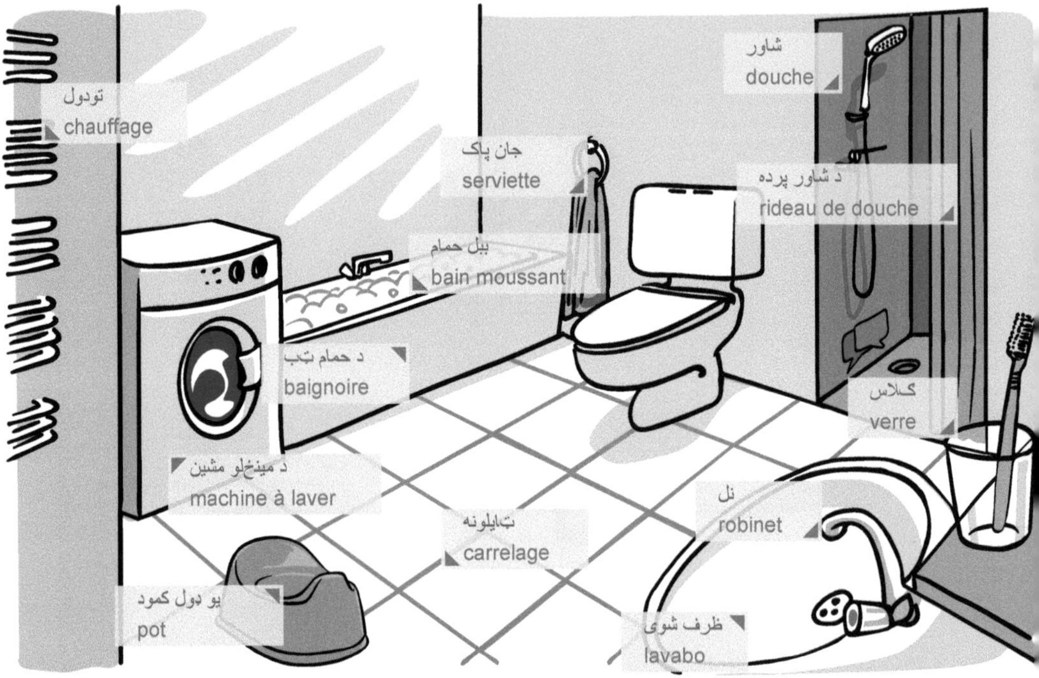

تشناب
....
toilettes

فرشي کمود
....
toilette à la turque

کمود
....
bidet

د متیازو ځای
....
urinoir

تشناب کاغذ
....
papier toilette

د تشناب برس
....
brosse à toilette

د غاښونو برس

brosse à dents

د غاښونو کریم

dentifrice

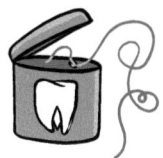

د غاښونو نخ

fil dentaire

مینځل

laver

لاسي شاور

douche manuelle

دوش

douche intime

خانک

vasque

د شا برس

brosse dorsale

صابون

savon

د شاور ژل

gel douche

شامپو

shampooing

فلانل جامه

gant de toilette

وچول

écoulement

کریم

crème

سپرى

déodorant

حمام - salle de bain

39

آینه

miroir

لاسي آینه

miroir cosmétique

ریزر

rasoir

د خریلو فوم

mousse à raser

د خریلو وروسته

après-rasage

ګمذخ

peigne

برس

brosse

د ویښتانو وچونکی

sèche-cheveux

د ویښتانو سپری

laque pour cheveux

میک اپ

fond de teint

لیپ ستیک

rouge à lèvres

د نوکانو پالش

vernis à ongles

کاتن وری

ouate

ناخن گیر

coupe-ongles

عطر

parfum

د مینځلو كټوره

trousse de toilette

ستول

tabouret

د وزن كولو تله

pèse-personne

د حمام پوښاک

peignoir

د ربړ دستکش

gants de nettoyage

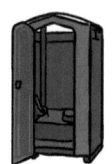

ټامپون

tampon

صحیی جان پاک

serviettes hygiéniques

كيميكل تشناب

toilette chimique

د ماشوم خونه
chambre d'enfant

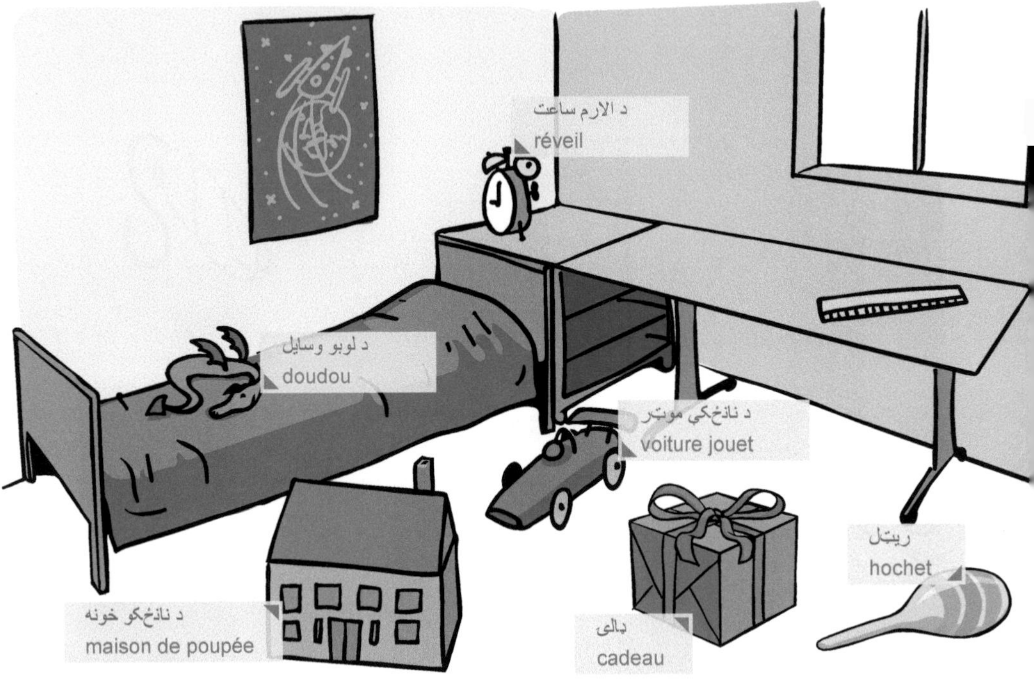
د الارم ساعت
réveil
د لوبو وسايل
doudou
د ناڅكي موټر
voiture jouet
ريتل
hochet
د ناڅكو خونه
maison de poupée
ډالۍ
cadeau

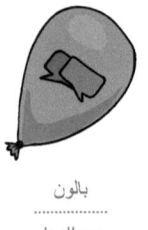

بالون

ballon

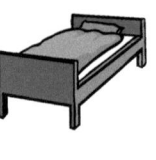

تخت

lit

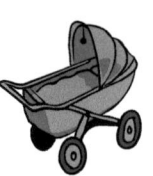

كالسكه

poussette

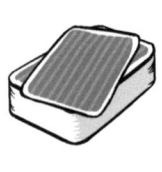

د لوبو ورقې

jeu de cartes

جيګسا

puzzle

SUPER
MEGA

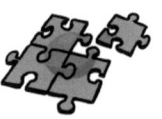

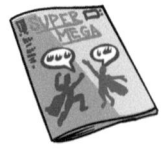

مسخره

bande dessinée

ليکو بريک

pièces lego

د نانځکو بلاک

blocs de construction

د اکشن فيگور

figurine

د ماشوم پوښاک

grenouillère

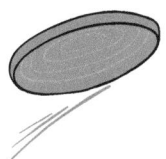

فريزبي

frisbee

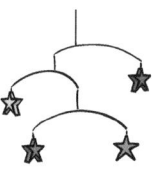

موبايل

mobile

بورډ لوبه

jeu de société

تاس

dé

مادل ريل سيت

train miniature

ګونګشی

sucette

پارټي

fête

د عکسونو البوم

livre d'images

بال

balle

نانځکه

poupée

لوبيدل

jouer

د شګو کنده
....
bac à sable

سوینګ
....
balançoire

ناز‌خ‌کي
....
jouets

د وبدیو لوبو کنسول
....
console de jeu

ت‌رای سایکل
....
tricycle

ګوډکه
....
ours en peluche

د کالو الماری
....
armoire

vêtements

جرابي
....
chaussettes

لوړي جرابي
....
bas

ت‌ایت‌س
....
collant

زروکی
écharpe

کمربند
ceinture

چتری
parapluie

تي شرت
t-shirt

سنيکر
baskets

بوتان
bottes

سليپر
pantoufles

سيندل
sandales

بوتان
chaussures

د ربر بوتان
bottes de caoutchouc

زيرنيکري
sous-vêtements

سينه بند
soutien-gorge

واسکټ
maillot de corps

بادي

body

پتلون

pantalon

جينز

jean

لمن

jupe

بلاوز

chemisier

ثرت

chemise

بنيان

pull

سويتّر

sweat à capuche

بليزر

veste

جاكت

veste

كوت

manteau

د باران كوت

imperméable

پوښاک

costume

كالي

robe

د واده پوښاک

robe de mariée

دريشي

costume

د ښپي پوښاک

chemise de nuit

پاجامه

pyjama

ساري

sari

لوپټه

foulard

پټکی

turban

برقه

burqa

كفتن

caftan

عبا

abaya

د لامبو پوښاک

maillot de bain

نيکر

maillot de bain

شارت

short

د خُغاستي پوښاک

tenue d'entraînement

پيش بند

tablier

دستکش

gants

بتن

bouton

عینک

lunettes

لاس بند

bracelet

غاړه کی

collier

ګوتمه

bague

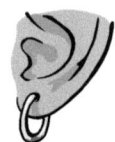

غوږوالی

boucle d'oreille

خولی

bonnet

کوټ بند

cintre

خولی

chapeau

ټایی

cravate

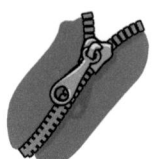

ځنځیر

fermeture éclair

هیلمیت

casque

ټرونکی

bretelles

د ښوونځي یونیفارم

uniforme scolaire

یونیفارم

uniforme

بيب

bavoir

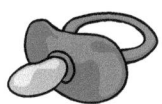

کـونګـشی

sucette

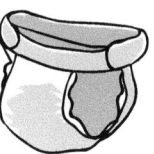

نيپي

lange

سرور
serveur

د دوسيه الماری
armoire d'archivage

پرينټر
imprimante

مانيټـور
écran

ورق
papier

ديسک
bureau

ماوس
souris

فولدر
classeur

کی بورډ
clavier

اشغالدانی
corbeille à papier

کمپيوټر
ordinateur

چوکی
chaise

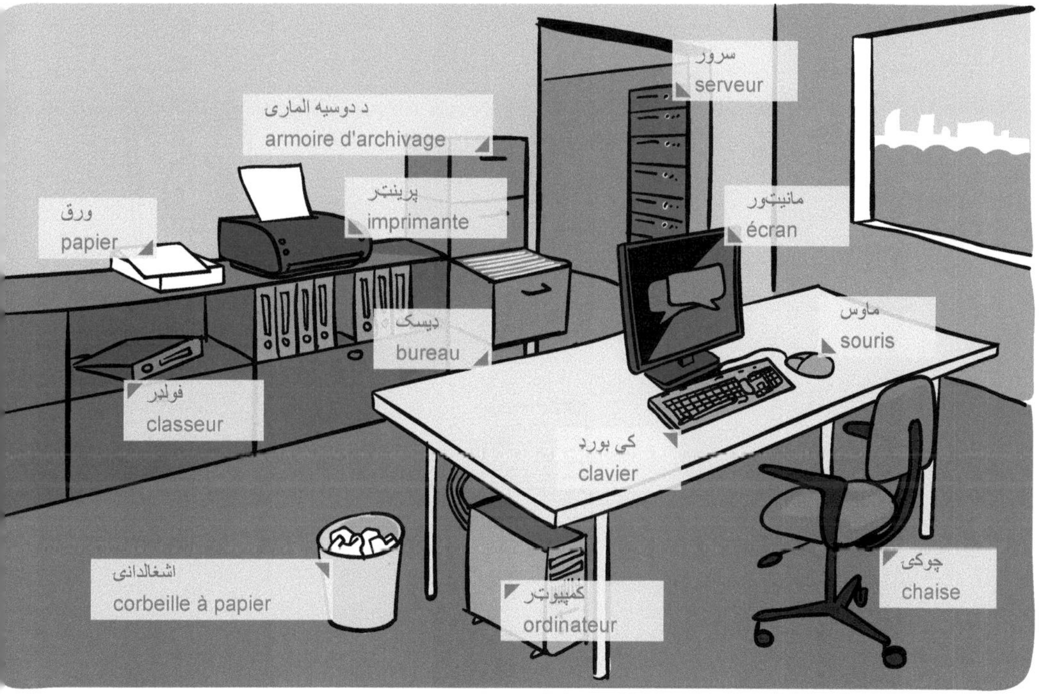

د کافي پياله

tasse de café

کالکولیټـر

calculatrice

انټرنيټ

internet

لپ تاپ

ordinateur portable

لیک

lettre

پیغام

message

موبایل

portable

نیټورک

réseau

فوتوکاپیر

photocopieuse

سافتویر

logiciel

تلیفون

téléphone

پلګ ساکټ

prise

فکس مشین

fax

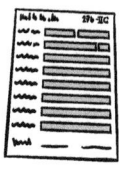

فارم

formulaire

سند

document

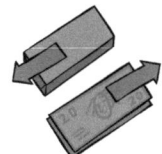

پيرل

acheter

تاديه كول

payer

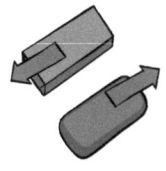

سوداگري كول

faire du commerce

پيسي

monnaie

دالر

dollar

يورو

euro

ين

yen

روبل

rouble

سويسي فرانک

franc suisse

رينمينبي يوان

renminbi yuan

روپۍ

roupie

د نغدي پيسو خاى

distributeur automatique

د اسعارو د تبادلي دفتر

bureau de change

سره زر

or

سپین زر

argent

تیل

pétrole

انرژي

énergie

نرخ

prix

قرارداد

contrat

مالیه

taxe

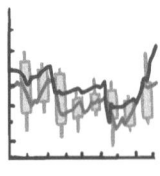

اسهام

action

کار کول

travailler

کارمند

employé

کار ګومارونکی

employeur

فابریکه

usine

پلورنځی

magasin

مسلکونه
professions

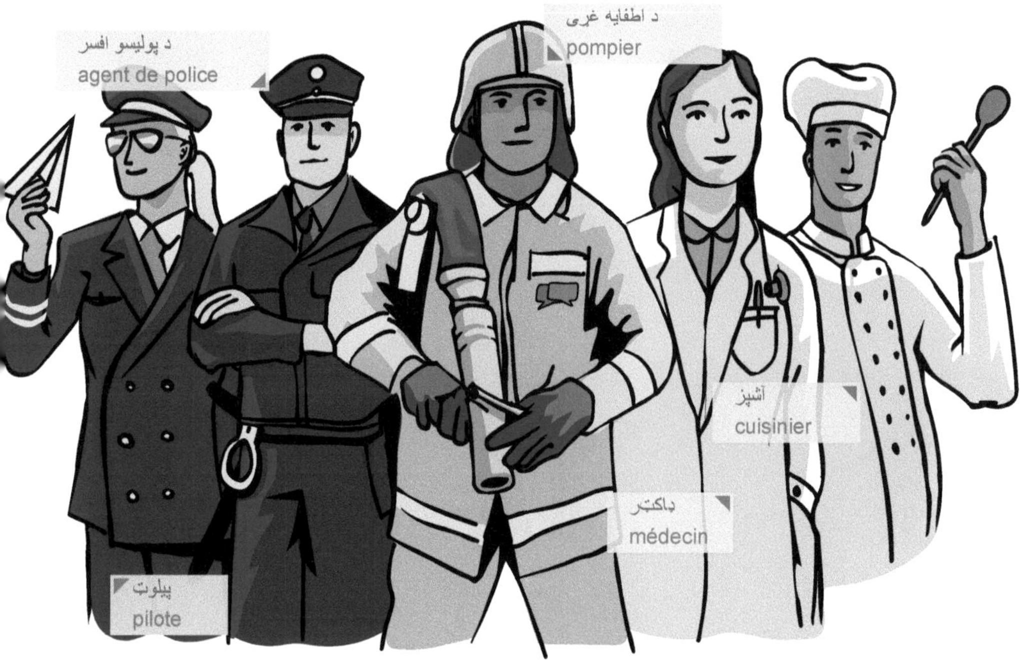
د پولیسو افسر
agent de police
د اطفایه غړی
pompier
آشپز
cuisinier
ډاکټر
médecin
پیلوټ
pilote

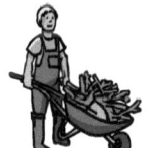

باغوان

....

jardinier

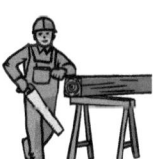

نجار

....

menuisier

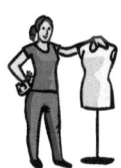

خیاط

....

couturière

قاضي

....

juge

کیمیا پوه

....

chimiste

د فلم لوبغاړی

....

acteur

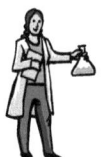

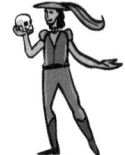

د بس ډرايور

conducteur de bus

د ټيکسي ډرايور

chauffeur de taxi

کب نيونکی

pêcheur

خدمه

femme de ménage

بام جوړونکی

couvreur

پيشخدمت

serveur

ښکاري

chasseur

نقاش

peintre

نانوا

boulanger

د برښنا کارکونکی

électricien

تعمير جوړونکی

ouvrier

انجنير

ingénieur

قصاب

boucher

نلدوان

plombier

پوست رسونکی

facteur

سرتيرى

soldat

مهندس

architecte

صراف

caissier

ماليار

fleuriste

نايى

coiffeur

كليندر

contrôleur

ميكانيک

mécanicien

كپتان

capitaine

د غاښونو ډاکټر

dentiste

ساينس پوه

scientifique

بڼاغلى

rabbin

امام

imam

مذهبي نفر

moine

پادري

prêtre

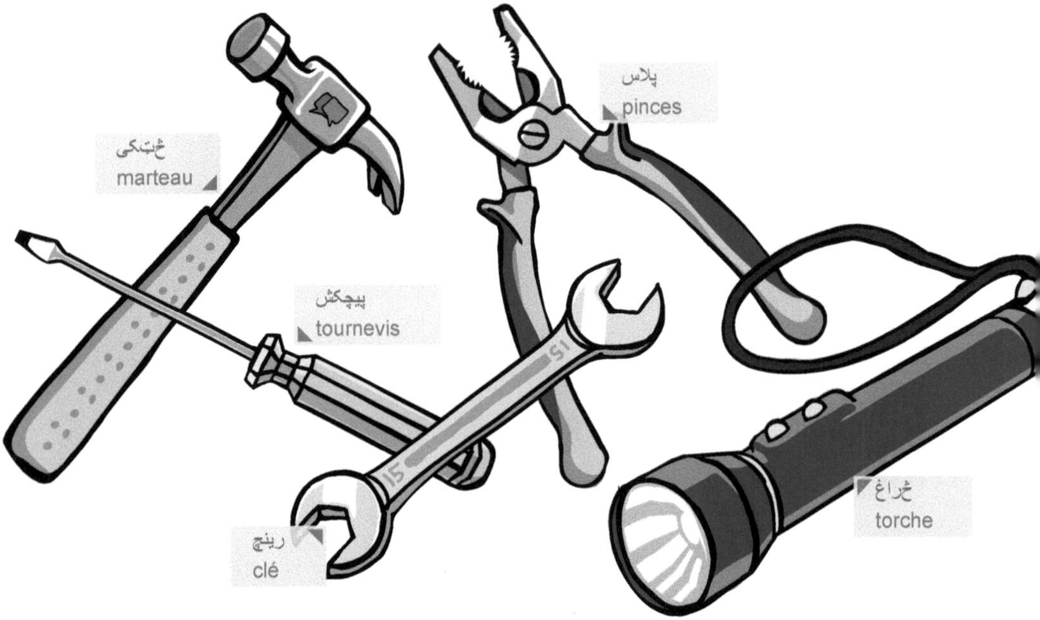

ټونکی
marteau

پلاس
pinces

پیچکش
tournevis

رینچ
clé

څراغ
torche

کنسټونکی

pelleteuse

د لوازمو بکس

boîte à outils

زینه

échelle

اره

scie

میخونه

clous

برمه

perceuse

ترمیم کول

réparer

بیل

pelle

لعنت!

Mince !

خاک انداز

pelle

مشواڼی

pot de peinture

پیچونه

vis

د میوزیک آلات

instruments de musique

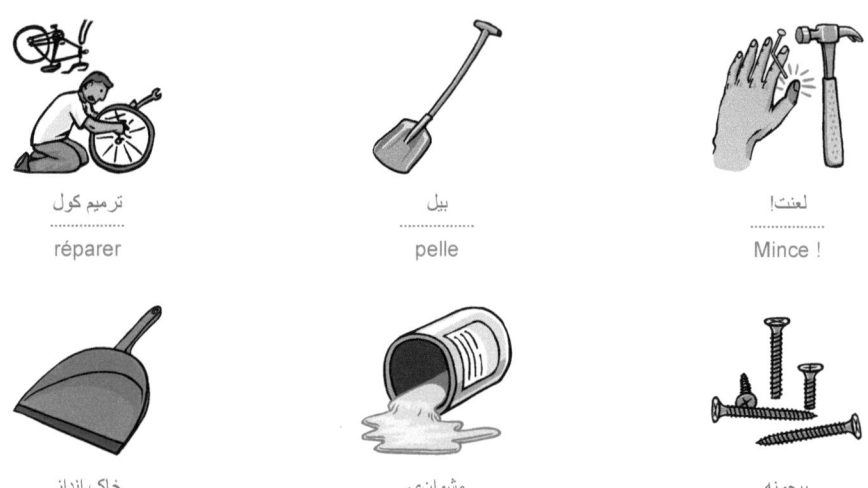

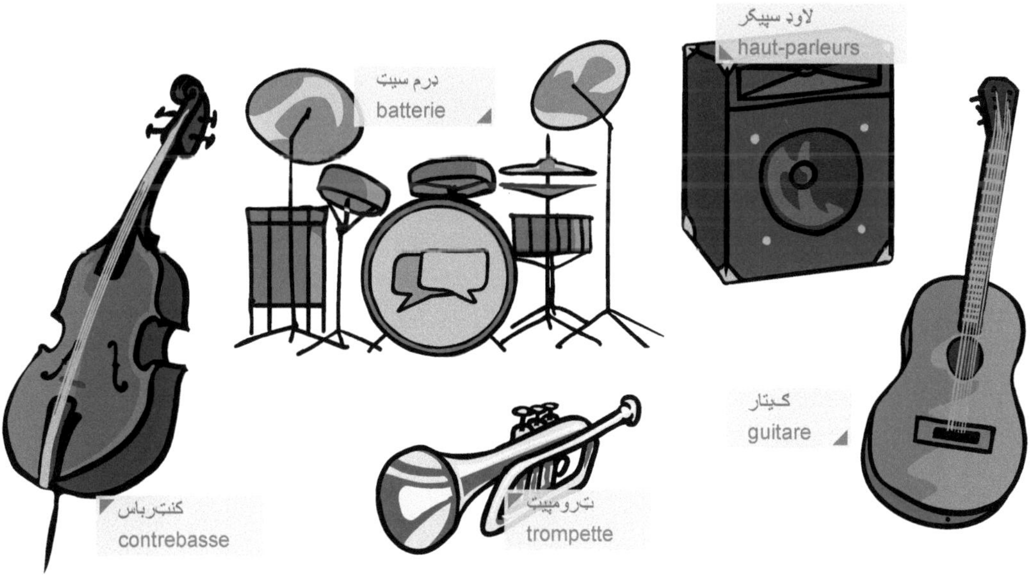
لاوډ سپیکر
haut-parleurs
درم سیټ
batterie
ګیتار
guitare
کنټرباس
contrebasse
ټرومپیټ
trompette

پیانو

piano

وایلن

violon

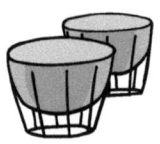

نغاره

timbales

درمونه

tambour

کي بورډ

piano électrique

سیکسافون

saxophone

ښپیلی

flûte

مایکروفون

microphone

باس

basse

ژوبڼ

ZOO

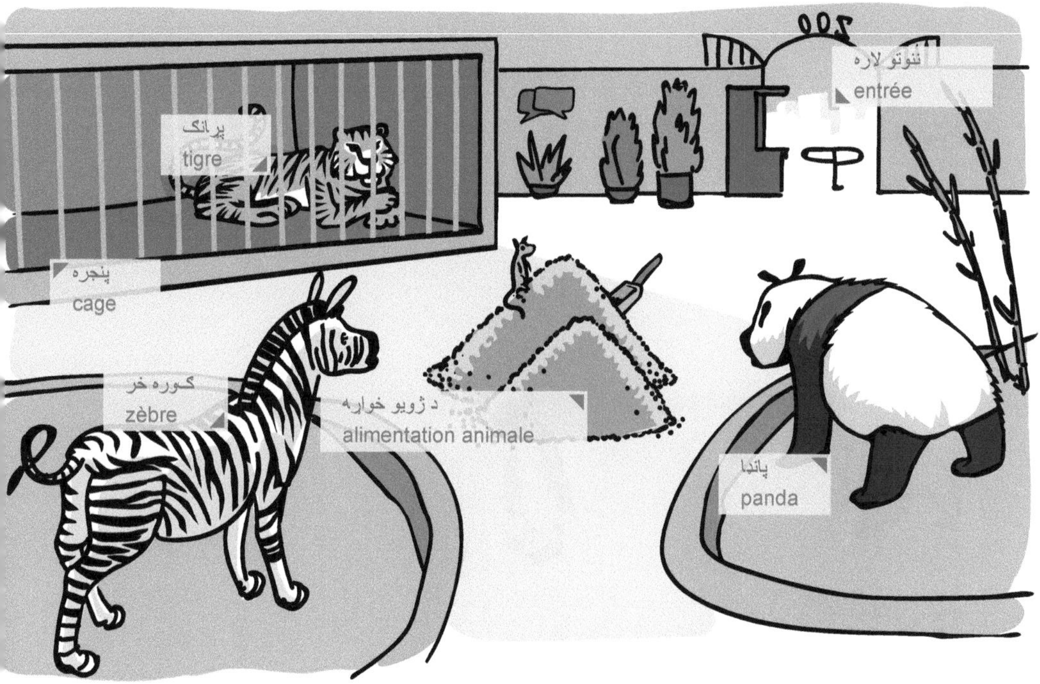

پرانګ
tigre
پنجره
cage
ګوره خر
zèbre
د ژویو خواړه
alimentation animale
پانډا
panda
ننوتو لاره
entrée

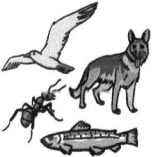

ژوی

animaux

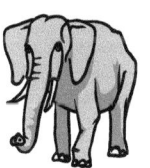

هاتي

éléphant

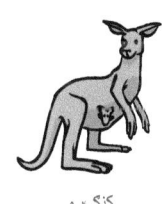

کنګرو

kangourou

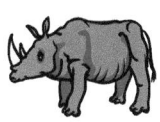

د اوبو اسپ

rhinocéros

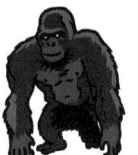

ګوريلا

gorille

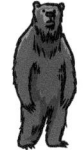

ايږه

ours

اوښ

chameau

ښترمرغ.

autruche

زمرى

lion

بيزو

singe

غزى

flamand rose

طوطي

perroquet

قطبي ايږه

ours polaire

پينگوين

pingouin

شارک

requin

طاوس

paon

مار

serpent

تمساح

crocodile

ژوبڼ ساتونکی

gardien de zoo

سيل

phoque

جگوار

jaguar

یابو

poney

پرانگ

léopard

هیپو

hippopotame

زرافه

girafe

باز

aigle

نرخوگ

sanglier

کب

poisson

شمشتی

tortue

سمندري نولی

morse

گیدره

renard

هوسی

gazelle

امریکایی فټبال
american Football

سایکل چلول
cyclisme

تینس
tennis

باسکیتبال
basket-ball

لامبو
natation

باکسینګ
boxe

د ګنګل هاکي
hockey sur glace

فټبال
....
football

کسیزه
....
badminton

د خغاستي لوبي
....
athlétisme

د هندبال
....
handball

سکي
....
ski

پولو
....
polo

خندل
rire

توپ وهل
sauter

غاړه ورکول
embrasser

کرخیدل
marcher

سندرى ويل
chanter

خوب ليدل
rêver

عبادت کول
prier

مچو کول
faire la bise

ليکل
écrire

کښل
dessiner

ښودل
montrer

ټيله کول
pousser

ورکول
donner

اخيستل
prendre

درلودل

avoir

کول

faire

پاييدل

être

ودريدل

être debout

منډي وهل

courir

راکښل

trier

ګوزارل

jeter

لويدل

tomber

څملاستل

être couché

انتظار کول

attendre

ورل

porter

کښېناستل

être assis

پوښاک اغوستل

s'habiller

ويده کيدل

dormir

پاڅېدل

se réveiller

كتل

regarder

ژړل

pleurer

بريد کول

caresser

کمذخ کول

peigner

خبري کول

parler

پوهيدل

comprendre

غوښتل

demander

اوريدل

écouter

څښل

boire

خورل

manger

پاکول

ranger

مينه کول

aimer

پخلی کول

cuire

موټر چلول

conduire

الوتل

voler

بيری چلول

faire de la voile

حساب

calculer

لوستل

lire

زده کول

apprendre

کار کول

travailler

واده کول

se marier

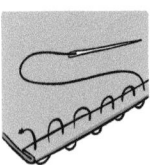

ګنډل

coudre

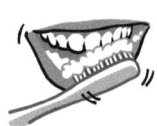

د غاښونو برس کول

brosser les dents

وژل

tuer

سګرټ څښل

fumer

لیږل

envoyer

کورنۍ

famille

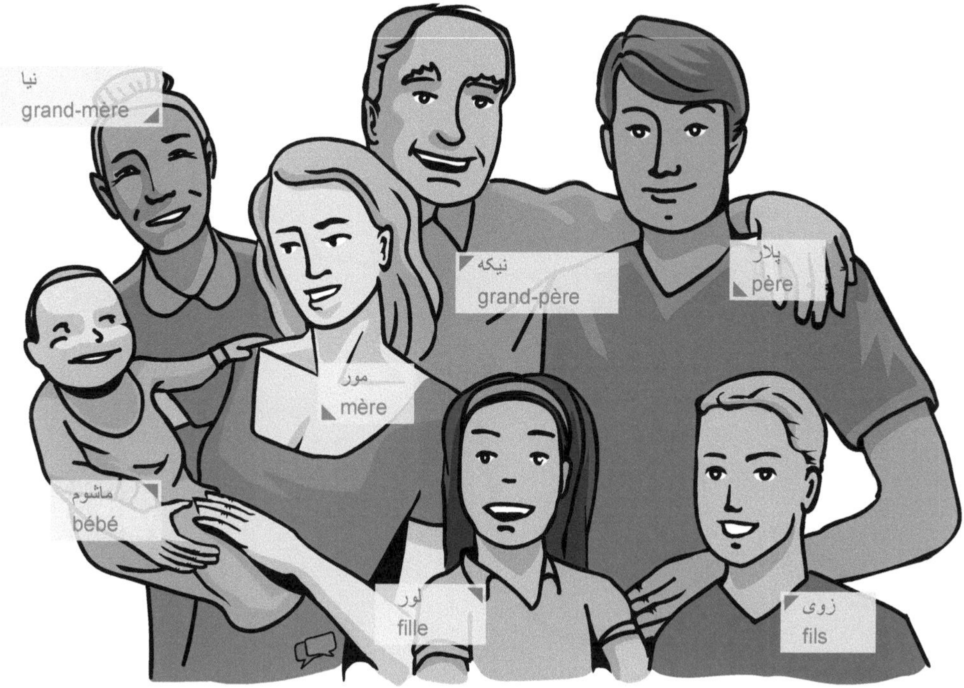

نیا
grand-mère
نیکه
grand-père
پلار
père
مور
mère
ماشوم
bébé
لور
fille
زوی
fils

میلمه

hôte

ترور

tante

کاکا/ماما

oncle

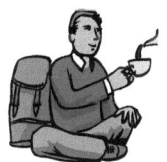

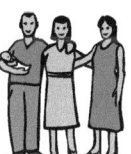

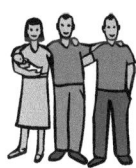

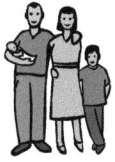

ورور

frère

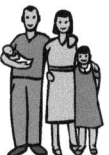

خور

sœur

بدن
corps

تندی
front
سترګې
œil
اوږه
épaule
ګوته
doigt
مخ
visage
زنه
menton
لاس
main
پښه
jambe
سینه
poitrine
مټ
bras

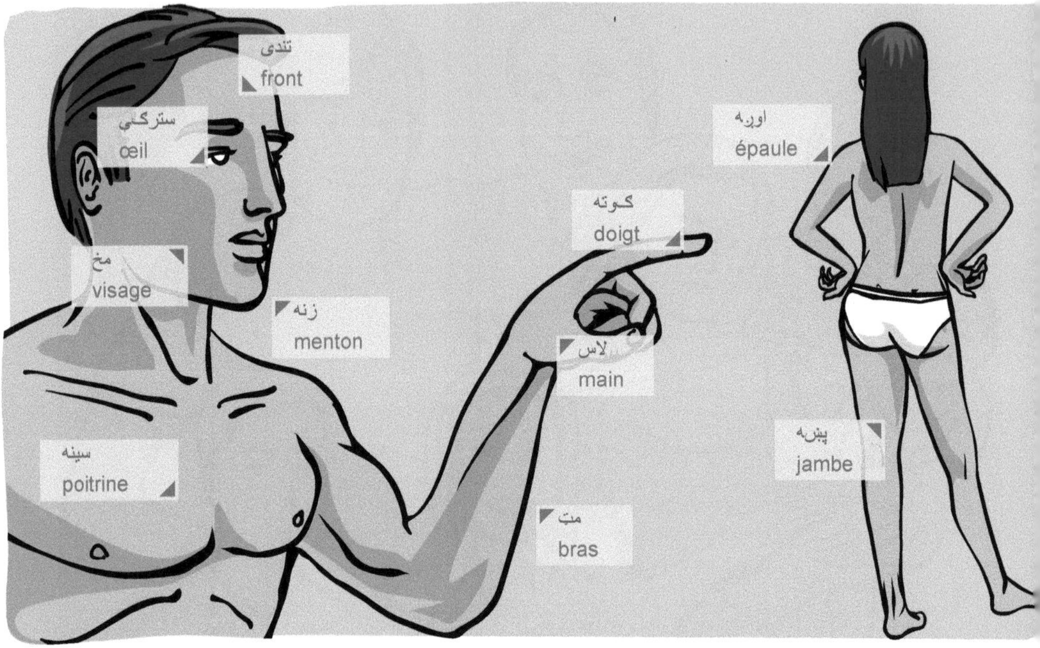

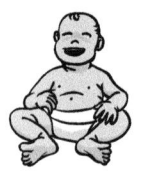

ماشوم
bébé

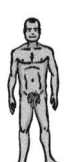

سړی
homme

ښځه
femme

انجلۍ
fille

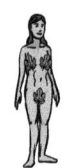

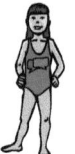

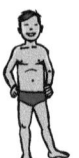

هلک
garçon

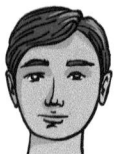

سر
tête

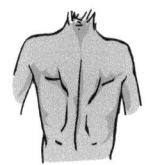

شا

dos

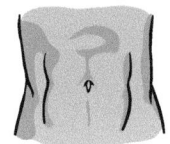

خیټه

ventre

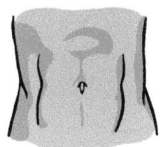

نوم

nombril

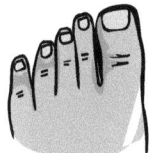

د پښې ګوته

orteil

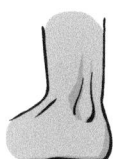

پونده

talon

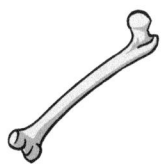

هډوکی

os

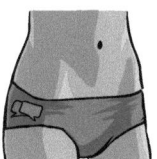

کوناټی

hanche

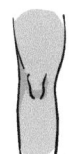

زنګون

genou

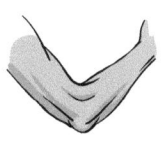

څنګل

coude

پوزه

nez

لاندي برخه

fesses

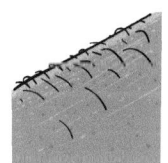

پوټکی

peau

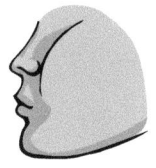

غومبوری

joue

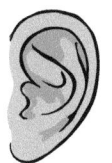

غوږ

oreille

شونډه

lèvre

خوله

bouche

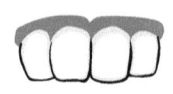

غاښ

dent

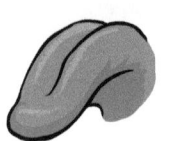

ژبه

langue

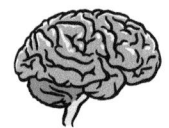

مغز

cerveau

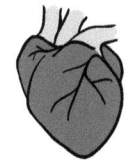

زړه

cœur

عضله

muscle

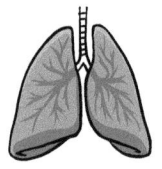

سږی

poumons

ځيګر

foie

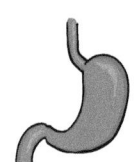

معده

estomac

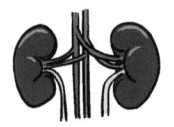

پښتورګي

reins

جنسي نږدي والی

rapport sexuel

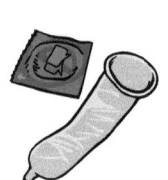

كاندوم

préservatif

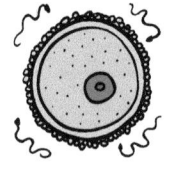

تخمه

ovule

مني

sperme

حمل

grossesse

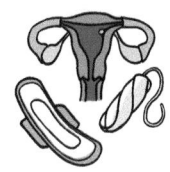

حيض

menstruation

مهبل

vagin

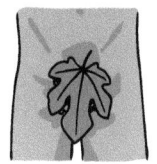

د نارينه تناسلي آله

pénis

وروخی

sourcil

ويښته

cheveux

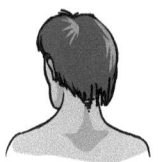

غاړه

cou

روغتون
hôpital

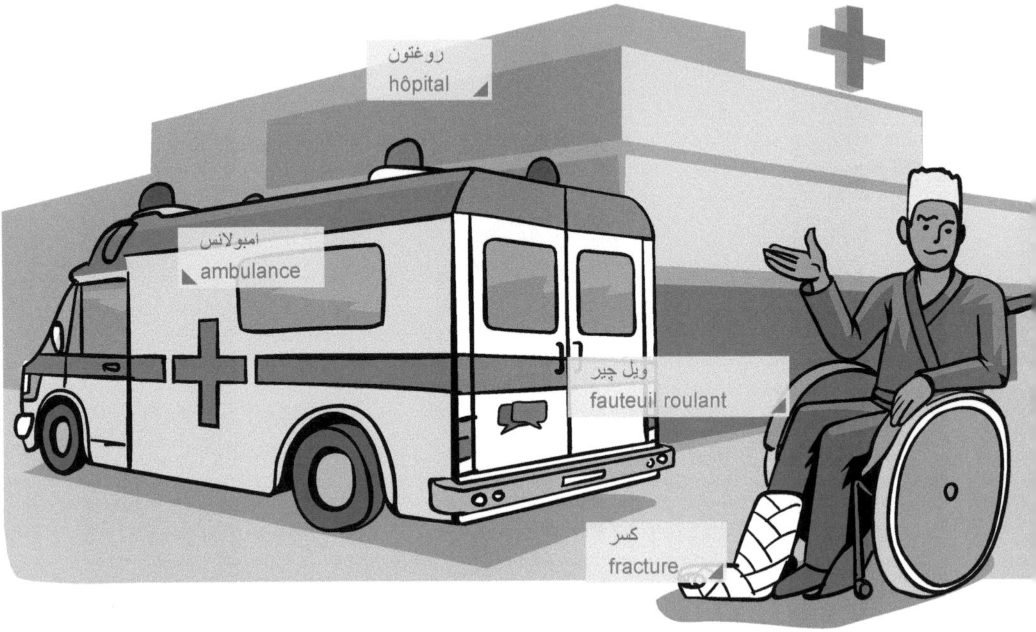

روغتون
hôpital
امبولانس
ambulance
ویل چیر
fauteuil roulant
کسر
fracture

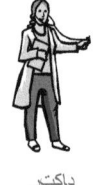

ډاکټر

médecin

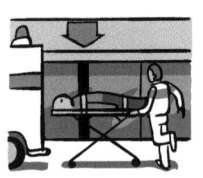

عاجل خونه

service des urgences

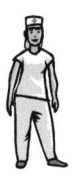

رنځورپال

infirmière

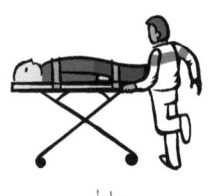

عاجل

urgence

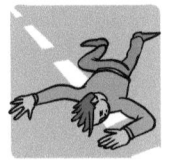

بې هوش

inconscient

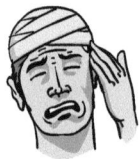

درد

douleur

پټ

blessure

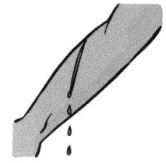

وینه تویدل

hémorragie

د زړه حمله

crise cardiaque

ضرب

attaque cérébrale

حساسیت

allergie

ټوخی

toux

تبه

fièvre

انفلوینزا

grippe

نس ناستی

diarrhée

سر درد

mal de tête

سرطان

cancer

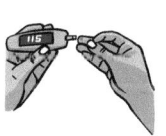

شکر

diabète

جراح

chirurgien

سکالپل

scalpel

عملیات

opération

سیِبـتنـي

CT

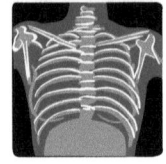

ایکس رى

radiographie

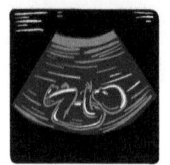

النـتـراسـاونـد

échographie

د مخ ماسک

masque

ناروغي

maladie

انتظار خونه

salle d'attente

امسآ

béquille

پلستر

pansement

بنداژ

pansement

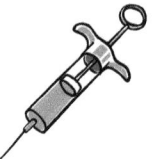

تزریق

injection

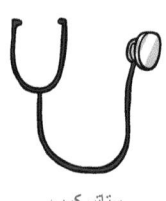

ستاتسکوپ

stéthoscope

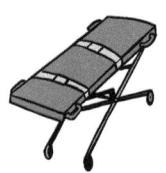

تسکیره

brancard

کلینکي ترماميتـر

thermomètre

زیِدرون

accouchement

زیات وزن

surcharge pondérale

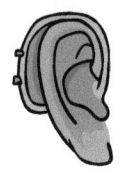

د اوريدو مرسته

appareil auditif

د عفونيت څخه پاكونكي مواد

désinfectant

عفونيت

infection

ويروس

virus

ايچ.آي.وي/ايدز

VIH / sida

درمل

médicament

واكسين

vaccination

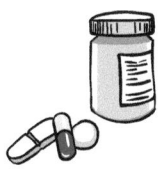

ت‍ابلیتس

comprimés

ګولۍ

pilule

عاجل تليفون

appel d'urgence

د وينې د فشار څارونكى

tensiomètre

ناروغ/روغ

malade / sain

مرسته!

Au secours !

الارم

alarme

يرغل

assaut

بريد

attaque

خطر

danger

عاجل لاره

sortie de secours

اور!

Au feu!

د اور وژونکی

extincteur

پیښه

accident

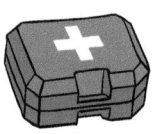

د لومړی مرستي لوازم

trousse de premier secours

ایس.او.ایس

SOS

پولیس

police

اروپا

Europe

شمالي امریکا

Amérique du Nord

سهیلي امریکا

Amérique du Sud

افریقا

Afrique

آسیا

Asie

آسټریلیا

Australie

اتلانتیک

Océan atlantique

پاسیفیک

Océan pacifique

د هند بحر

Océan indien

جنوبي منجمد بحر

Océan antarctique

د شمال قطب بحر

Océan arctique

شمالي قطب

pôle nord

سهيلي قطب
....
pôle sud

انتـٔـاركتيـٔـيكا
....
Antarctique

خُمكه
....
terre

خُمكه
....
pays

بحر
....
mer

نـٔـاپو
....
île

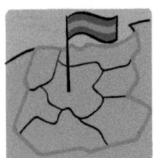

ملت
....
nation

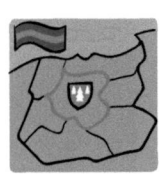

دولت
....
état

د مخي ساعت

cadran

د ساعت ستنه

aiguille des heures

د دقيقي ستنه

aiguille des minutes

د ثانیی ستنه

aiguille des secondes

څه وخت دی؟

Quelle heure est-il ?

ورځ

jour

وخت

temps

اوس

maintenant

ديجيټل ساعت

montre digitale

دقيقه

minute

ساعت

heure

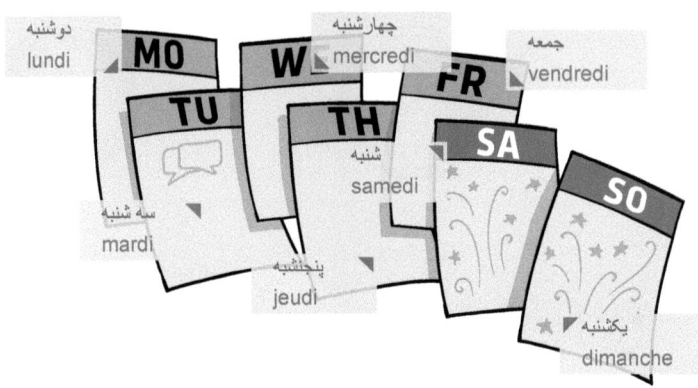

دوشنبه
lundi

چهارشنبه
mercredi

جمعه
vendredi

سه شنبه
mardi

شنبه
samedi

پنجشنبه
jeudi

یکشنبه
dimanche

پرون
hier

نن
aujourd'hui

سبا
demain

سهار
matin

غرمه
midi

ماښام
soir

MO	TU	WE	TH	FR	SA	SU
1	2	3	4	5	6	7
8	9	10	11	12	13	14
15	16	17	18	19	20	21
22	23	24	25	26	27	28
29	30	31	1	2	3	4

کاري ورځي
jours ouvrables

MO	TU	WE	TH	FR	SA	SU
1	2	3	4	5	6	7
8	9	10	11	12	13	14
15	16	17	18	19	20	21
22	23	24	25	26	27	28
29	30	31	1	2	3	4

د اونۍ پای
week-end

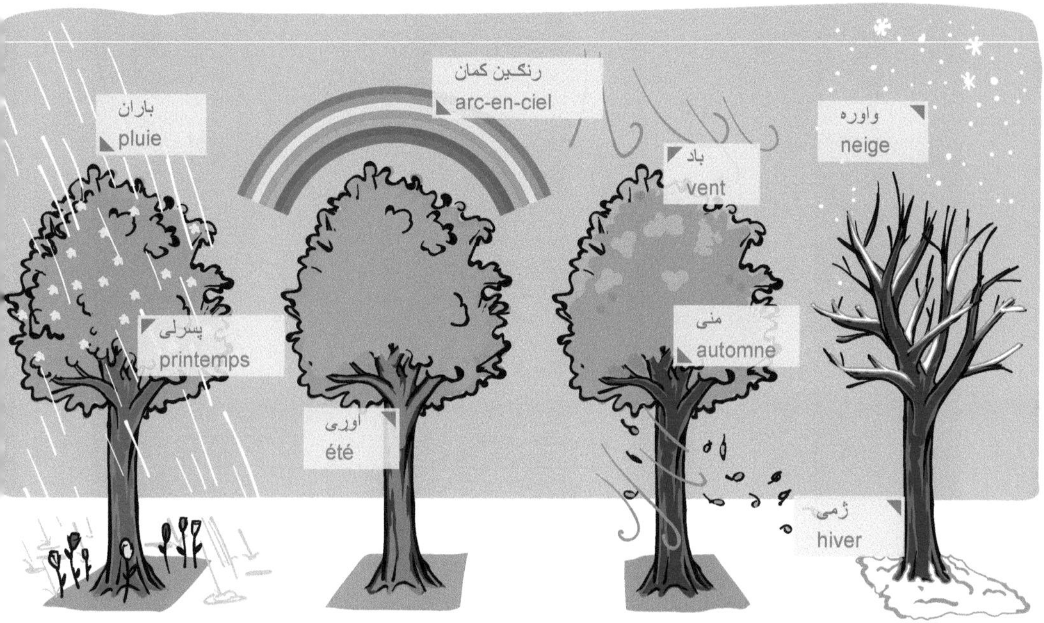

باران
pluie
رنګین کمان
arc-en-ciel
باد
vent
واوره
neige
پسرلی
printemps
اوړی
été
منی
automne
ژمی
hiver

4.APRIL 11°
5.APRIL 4°
6.APRIL 13°
7.APRIL 8°
8.APRIL 10°

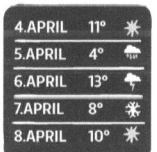

د موسم وړاندوینه

météo

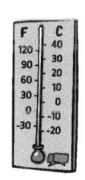

F C
120 40
90 30
60 20
30 10
0 0
-30 -10
-20

ترمومیټر

thermomètre

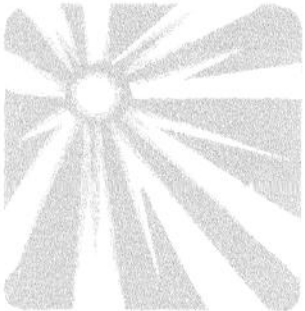

د لمر وړانګې

lumière du soleil

وریځ

nuage

لړه

brouillard

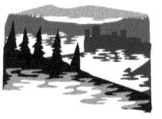

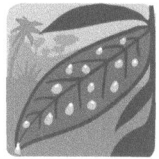

رطوبت

humidité

ابرق

foudre

تندر

tonnerre

توفان

tempête

ژلی وریدل

grêle

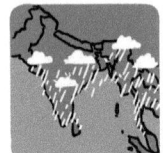

مون سون باران

mousson

سیلاب

inondation

یخ

glace

جنوري

janvier

فبروري

février

مارچ

mars

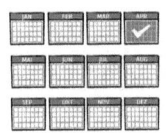

اپریل

avril

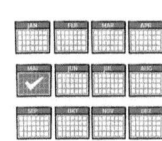

می

mai

جون

juin

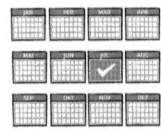

جولای

juillet

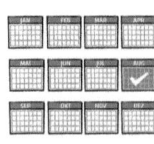

اگست

août

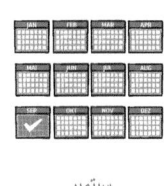

سپتمبر
....
septembre

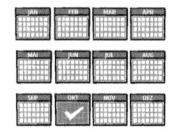

اکتوبر
....
octobre

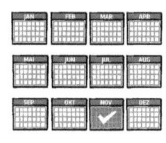

نومبر
....
novembre

دسمبر
....
décembre

شکلونه

formes

دایره
....
cercle

مربع
....
carré

مستطیل
....
rectangle

مثلث
....
triangle

توپ
....
sphère

فال
....
cube

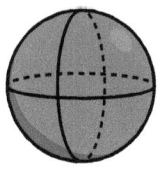

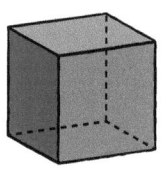

couleurs

سپين
....
blanc

ژير
....
jaune

نارنجي
....
orange

ګلابي
....
rose

سور
....
rouge

ارغواني
....
violet

نيلي
....
bleu

شين
....
vert

نسواري
....
marron

خر
....
gris

تور
....
noir

خورا ډير/خورا لږ

beaucoup / peu

قار/ارام

fâché / calme

ښکلی/بدشکله

joli / laid

پیل/پای

début / fin

لوی/کوچنی

grand / petit

روښانه/تیاره

clair / obscure

ورور/خور

frère / soeur

پاک/ككړ

propre / sale

مکمل/نا مکمل

complet / incomplet

ورځ/شپه

jour / nuit

مړ/ژوندی

mort / vivant

پراخه/نرى

large / étroit

د خوراک وړ/نه خورل کیدونکی

comestible / incomestible

بد/مهربان

méchant / gentil

پاریدلی/ایې خونده

excité / ennuyé

چاق/اوچ

gros / mince

لومړی/اوروستی

premier / dernier

ملګری/دښمن

ami / ennemi

ډک/تش

plein / vide

سخت/نرم

dur / souple

دروند/سپک

lourd / léger

لوږه/تنده

faim / soif

ناروغ/روغ

malade / sain

غیرقانونی/قانونی

illégal / légal

هوښیار/ساده

intelligent / stupide

کین/ښی

gauche / droite

نږدې/لری

proche / loin

نوی/زوړ

nouveau / usé

هیڅ/یوڅه

rien / quelque chose

بدا/خوان

vieux / jeune

چالا/بند

marche / arrêt

خلاص/ترلی

ouvert / fermé

غلیم/لور غر

faible / fort

بدایه/غریب

riche / pauvre

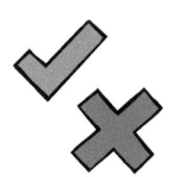

صحیح/غلط

correct / incorrect

زبر/ملایم

rugueux / lisse

خفه/خوښ

triste / heureux

لنډ/اوږد

court / long

سست/گرندی

lent / rapide

لوند/وچ

mouillé / sec

گرم/یخ

chaud / froid

جگړه/سوله

guerre / paix

nombres

0

صفر
....
zéro

1

يو
....
un / une

2

دوه
....
deux

3

دري
....
trois

4

څلور
....
quatre

5

پنځه
....
cinq

6

شپږ
....
six

7

اوه
....
sept

8

اته
....
huit

9

نهه
....
neuf

10

لس
....
dix

11

يولس
....
onze

12

سولد

douze

13

سلاريد

treize

14

سلاروخ

quatorze

15

سلخڼپ

quinze

16

سارپش

seize

17

سلوو

dix-sept

18

سلتا

dix-huit

19

سلون

dix-neuf

20

لش

vingt

100

لس

cent

1.000

رز

mille

1.000.000

ميليون

million

langues

انگلسي

anglais

امريکايى انگلسي

anglais américain

چينايى مندرين

chinois mandarin

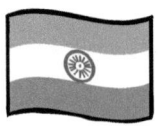

هندي

hindi

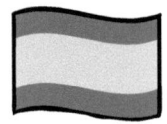

هسپانوي

espagnol

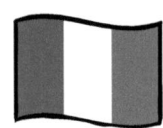

فرانسوي

français

عربي

arabe

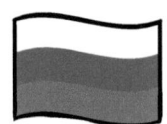

روسي

russe

پرتگالي

portugais

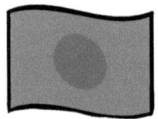

بنگالي

bengali

آلماني

allemand

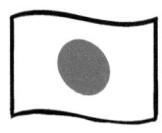

جاپاني

japonais

qui / quoi / comment

زه

je

ته

tu

هغه/دغه/دا

il / elle / ce, c', cela

مور

nous

تاسې

vous

دوی/هغوی

ils / elles

څوک؟

Qui ?

څه؟

Quoi ?

څنګه؟

Comment ?

چیري؟

Où ?

کله؟

Quand ?

نوم

nom

چيري

où

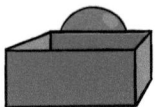

شاته
....
derrière

پﻪ
....
dans

پﻪ مخﻪ کﻲ
....
devant

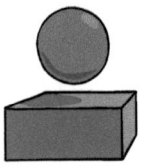

باندي
....
au-dessus

پﻪ
....
sur

لاندي
....
en-dessous

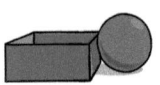

برسيره پر
....
à côté de

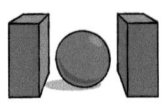

ترﻣﻴﻨځ
....
entre

ځای
....
lieu

92

où - چيري